Vantore

digte

1 Vinter

Dyrenes
Lysning
Sælhunde
Vinterlandskab

2 Forår

Fræser
Strå
Nussede skyer

FSC
www.fsc.org
MIX
Papir fra ansvarlige kilder
Paper from responsible sources
FSC® C105338

Forlag: BoD - Books on Demand,
Hellerup, Danmark
Tryk: BoD - Books on Demand,
Norderstedt, Tyskland
ISBN: 9788743044413

UD OG FODRE GÆS

ved nitiden stod han og skar æble og græskar ud
i tern. fordybet som var det livet om at gøre
at skære dem ud som sandheder, livets små byggesten
han fejer dem med en flad hånd ned i spanden

han skal
ud og fodre gæs. og at se ham fodre og give vand
og sige "se nu spiser han tre fire mundfulde
så skal han have vand" ja der falder noget på plads
at mennesker har et tomrum i sig, noget at give
og han kører ud til gæssene for at finde det

Vinter

DYRENES

i nat var landskaberne dyrenes

tågeskyerne forsvinder. vi ser
harerne har haft fat i træerne
vi plantede i går, fuglekirsebær
hassel og ær, knopskud lå bare der
uspiste. leve med to ud af tre
går tabt. natten er ikke mæt endnu
og rimfrosten har heller ikke spist
hvis det var gamle dage ville vi
folde hænderne i det sidste lys

vi går ud tidlig morgen med lygte

ud af Frejlev skov i vinterskumringen, i mørke
er der i en flok dådyr en sær, eventyrlig lysning
de luder med hoderne i dugvåde afgrøder
de ved vi er der. i margenen af nussede spejle

af en omtåget, spøgelsesagtig stjernehimmel

UD OG KIGGE EFTER SÆLHUNDE

landskabet her er foranderligt. der er ebbe, flod
som vores ansigter forandrer sig med lunerne
det er til at få øje på stensætningen nu, se
hvor revnerne i glasfiberen kommer fra. hvem har sat
og taget sig til hodet? hvem har lagt stenene ud
til at begynde med? det er her sælerne er.
det er her sælerne er men vi har ikke set dem

VINTERLANDSKAB

det er sært at forestille sig en dag at slippe
gentagelserne, dagene, være okay med det
som vi går her hvor vi ofte har gået på vej hjem
i sneens rytmiske crunch til vores sted Innisfree
vi har hav og strandeng i os, rylernes små fusser
på isen, hinandens varme, og på vej ud ser vi
gevirerne stå og lune sig i aftensolen

Forår

FRÆSER

havde det gjaldt livet kunne jeg ikke
hive havefræseren i gang. jeg hev
og sled i snoren, men den sagde ikke
andet end snoren der rutsjede tilbages
kan ikke drikke bajere med smeden
hver gang jeg skal fræse, sagde jeg og du
fortalte mig hvor ofte din far havde
haft fat i føntørreren for at hjælpe
din mors lille røde Golf på vej, på vej
vintermorgener.

                jeg trak fræseren ind
i læ, satte en blæser til at puste
så slog den tunge krop i gang af varme

STRÅ

tækkemanden Hans-Erik sagde han aldrig havde set
mere mos end her hos os. fordi skov var gået op
til bygningerne, sagde jeg, og mørke og fugt, ja
der voksede små træer frem. tættere på himlene

i dag rev vi mos ned. jeg var i gang med riven
og du talte 22 gange med trillebøren
til ned ved siden af bunken med hestemøg med det
vi lagde presenning over så blæsten ikke gik i

det er fordi det her var skovland, sagde jeg igen
og du sagde til mig det stadig *er* skov. enteland
det var sandt. vi reolgravede den stenede jord
og vi fornemmede vintergække, erantis, smørblomst
og blå anemoner.
som at grave en lysning frem

vi arbejdede i forårssolen og mos dalede ned
og satte sig som kvaster i din islandske sweater
og i mine opsmøgede ærmer. vi sled os til
en god varme. småtræer sat vi i en balje vand

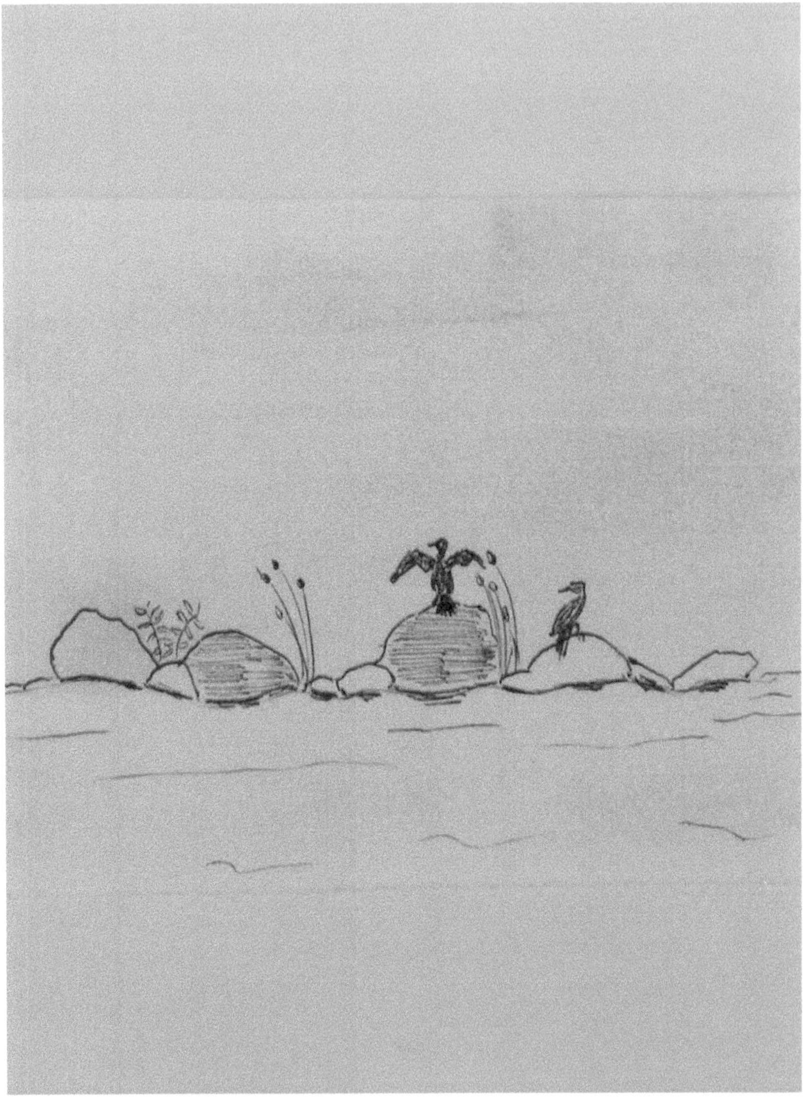

NUSSEDE SKYER

januar og februar hvor vi to sat og kiggede
på halvanden tønde åben land, havde det dårligt været
til at begribe det var vores til at fylde ud
med drømme. det var bare at smøge ærmerne op

vi snakkede med Marete fra Tågense fladland
og hun havde får og lam vi kunne få og fede på
blæst og slud ruskede os langsomt ind i foråret
hvor afbarkede akacie pæle lå på engen

til at lave indhegning til små nussede skyer

Sommer

Vig

her er fladvandet at gå ud i med sten og fugle
om os. man siger istiden har slebt landskabet til
og hvor længe sælhundene har været her er ikke
til at sige, men de har ry for at være garntyve

vi spurgte og fik lov at lægge jollen for svaj her
for ikke mange spørger. ja hvad er der at komme
efter? halvringe vand at fiske i, og det er øde

Vej ud ser vi spættede æg i en forladt jolle

4 juni 2021
Tågense

TÅGENSE

på vej ud og fodre Maretes får
har jeg en fornemmelse af at høre
til i fladlandet, at noget større

hiver skarverne over himlen

fårene ser os komme og vågner
de står tæt og møver til. et lille lam
suger mælkeerstatning fra en spand
du tager et billede af det

TAGE

Våsenvej og Strandhuse alleen slår samme vej
som to kulsteger gennem roe og rapsmarkerne
og om vi kører af den ene eller af den anden
kommer vi hen hvor vi kan få en dukkert

det var Tage
der altid kørte af forskellige veje samme
steder hen. altid ud i Frejlev skov og lave brænde
men det hastede ikke, og når jeg en sjælden gang
kørte med ham var det af veje jeg ikke kendte
jeg husker han kom galt afsted med hånden i en sav
og jeg fræsede jorden for ham, men jeg ved ikke
hvorfor hans datter Mette fik barn med en narkoman
eller hvorfor hans søn Jonas uden at tænke videre
over det ku vride halsen om på en høne. bare
sige for længe siden jeg har slået noget ihjel
vi plukkede juleænder og snakkede om træer
men jeg fik aldrig spurgt til hvorfor hans kone Erna
gik så stille med dørene

vi kom af Våsenvej
men på vej tilbage kører du op af Strandhuse

ja som en ting vi har fået med i et lukket brev

ARV

                    langt, langt væk i Tennessee
genkalder Jesse Graves sin far svinge pick-up trucken ind
og løfte en 20 kilos saltsæk over skulderen
kvægene kommer rendende hen til ham. slikker salt

her håndfodrer du fåret Mirabelle og fortæller
om din morfar i blå kansas overalls og hvid t-shirt
traske afsted med den gule le jeg har i hånden nu
og skal i gang med at friske græs til fårene med

Efterår

BLÆSTENE

i et sug fra havet ind over høstgule marker
leger *det der var* skjul i halmbunker, og jeg roder
i gemmerne efter reb og stumper til at sure
drivhuset fastere med. du finder din sweater frem
dagene, blæstene i et væk. og så skal vi hjem

over hodet på os trækker skarverne sydover

ET LAM DØR

der var noget guds lys over Vantore den morgen
jeg fodrede fårene af med hø og havde en spand
græspiller med til Bruschetta. hun var ikke så god
til at vaere får, kunne ikke få sit lille vejr
men vi kunne li hende. for det hun var og mere
henad 10 fandt jeg hende ligge som hun lå og sov
men der var ikke mere liv. det hun havde fået
foræret, havde hun givet det bedste hun kunne

vi lagde en stor solsikke på graven.
                                        i mørket
var vi ud med frisk hø for at lytte til dem æde

Hestekobbel
Kejlsø
Frejlev Å
Frejlev
Skov
Roden
Skov
30"
33'
Vantore
Ørsodde
Vindenæs
Flinthorne
Odde
4506
MADS
PULLE
FLINTHORNE REV

AGHBORRE INNISFREE

i begyndelsen afvandede mårbæk storesø
ud i Guldborgsund, men nu er det eng og ikke sø

og det meste af mårbæk er rørlagt og groet til
ikke til at finde. jo der er år med mere regn

hvor åløbet render som det gjorde ud mod det åbne
og hvis man står i et par waders i Tågense vig

kan man se hvor det risler ud i dyndet, undre sig
over hvor det kommer fra ud af krat og mosegræs

det var *her* halvt under rør, halvt under en klar himmel
små fisk kom ud fra for at leve anderledes, ud

i det nærmest hav de ku leve i, hav innisfree